Pebble Bilingual Books

El agua como sólido/ Water as a Solid

de/by
Helen Frost

Traducción/Translation
Martín Luis Guzmán Ferrer, Ph.D.

Capstone Press
Mankato, Minnesota

Pebble Bilingual Books are published by Capstone Press
151 Good Counsel Drive, P.O. Box 669, Mankato, Minnesota 56002
http://www.capstone-press.com

1 2 3 4 5 6 08 07 06 05 04 03

Library of Congress Cataloging-in-Publication Data
Frost, Helen, 1949–
   [Water as a solid. Spanish & English]
   El agua como sólido / de Helen Frost; traducción, Martín Luis Guzmán Ferrer = Water as a
solid / by Helen Frost; translation, Martín Luis Guzmán Ferrer.
   p. cm.—(Pebble Bilingual Books)
   Text in Spanish and English.
   Summary: Simple text presents facts about water in its solid state, its properties, and its uses.
   ISBN 0-7368-2313-1 (hardcover)
   1. Ice—Juvenile literature. 2. Snow—Juvenile literature. [1. Ice. 2. Snow. 3. Water.
4. Spanish language materials—Bilingual.] I. Title: Water as a solid. II. Title.
QC926.37 .F7618 2004
551.31—dc21   2002156345

Editorial Credits
Mari C. Schuh and Martha E. H. Rustad, editors; Timothy Halldin, cover designer; Linda Clavel,
   interior designer; Patrick Dentinger, cover production designer; Kimberly Danger, photo
   researcher; María Fiol, Spanish copy editor; Gail Saunders-Smith, consulting editor; Carolyn
   M. Tucker, Water Education Specialist, California Department of Water Resources, reviewer

Photo Credits
Brian Parker/TOM STACK & ASSOCIATES, 1; David F. Clobes, 8 (top), 20; International
Stock/Warren Faidley, 10 (both); James P. Rowan, 4, 8 (bottom); Photo Network/Henryk T.
Kaiser, 18; Robert McCaw, 16; Shaffer Photography/James L. Shaffer, cover, 6; Thomas
Kitchin/TOM STACK & ASSOCIATES, 12; Visuals Unlimited/Richard C. Walters, 14

Special thanks to Isabel Schon, Ph.D., director of the Barahona Center for the Study of Books in
Spanish for Children and Adolescents, San Marcos, California, for her assistance in preparing the
Spanish portion of this book.

Table of Contents

Contenido

Water can be a liquid,
a gas, or a solid.
Water is a solid when
it is very cold.

El agua puede ser líquido,
gas o sólido.
El agua es un sólido
cuando está muy fría.

Water freezes into
different shapes.
Frozen water is ice.

El agua se congela
en diferentes formas.
El agua congelada
es el hielo.

8

Ice cubes are small
pieces of ice. Icebergs
are huge pieces of ice.

Los hielos de la nevera
son pedacitos de hielo.
Los témpanos de hielo son
gigantescos pedazos de hielo.

Hail is a kind of ice
that falls from clouds.
Hail can be big or
small. Hail is hard.

El granizo es un tipo de hielo
que cae de las nubes. El
granizo puede ser grande o
pequeño. El granizo es duro.

Snow is a kind of
ice that falls from
clouds. Snow is soft.

La nieve es un tipo de
hielo que cae de las
nubes. La nieve es suave.

14

Snowflakes are ice crystals. Each snowflake has a different pattern.

Los copos de nieve son cristales de hielo. Cada copo de nieve tiene un diseño distinto.

Frost is ice crystals. Frost forms on cold surfaces.

La escarcha está formado por muchos cristales de hielo. La escarcha se forma en las superficies frías.

Ice that melts and
freezes again can
make icicles. Icicles
are long and pointed.

El hielo que se derrite y
vuelve a congelarse puede
hacer estalactitas de hielo.
Las estalactitas de hielo son
largas y puntiagudas.

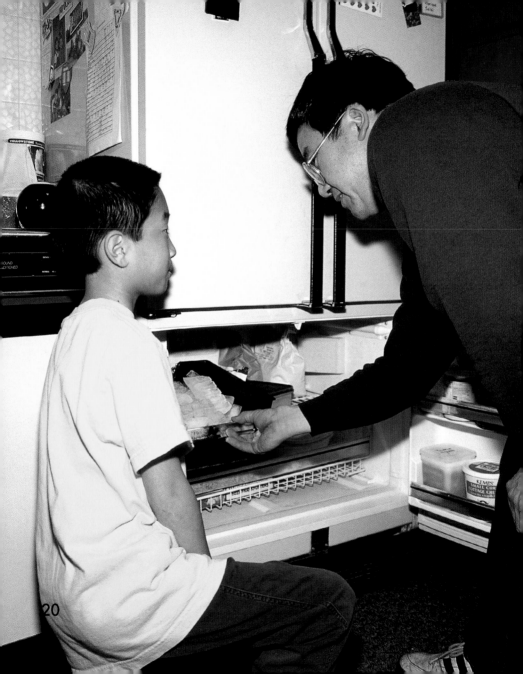

People use ice. Ice
keeps food cold.

La gente emplea el hielo. El
hielo conserva la comida fría.

Glossary

crystal—a solid made up of small parts that form a pattern; snowflakes and frost are ice crystals.

frozen—being cold enough to turn from a liquid to a solid; ice is frozen water.

hail—balls of ice that form in clouds and fall to the ground; hail is made of layers of ice.

iceberg—a huge piece of ice that floats in the ocean; icebergs break off from glaciers.

icicle—a long, thin piece of ice that forms when ice melts, drips, and then freezes; icicles also form when flowing water freezes.

snow—crystals of ice; snow forms when water vapor freezes in the air.

solid—something that holds its shape; ice is the solid form of water; water freezes into a solid when it reaches 32 degrees Fahrenheit (0 degrees Celsius).

Glosario

cristal *(el)*—un sólido compuesto de partes pequeñas que forman un diseño; los copos de nieve y la escarcha son cristales de hielo.

congelado—estar lo suficientemente frío para convertirse de líquido a sólido; el hielo es agua congelada.

granizo *(el)*—pedazos de hielo que se forman en las nubes y caen sobre la tierra; el granizo se hace de capas de hielo.

témpano de hielo *(el)*—un gigantesco pedazo de hielo que flota en el mar; los témpanos de hielo se desprenden de los glaciares.

estalactita de hielo *(la)*—un pedazo de hielo largo y delgado que se forma cuando el hielo se derrite, gotea y vuelve a congelarse; las estalactitas de hielo también se forman cuando el agua corre y se congela.

nieve *(la)*—cristales de hielo; la nieve se forma cuando el vapor de agua se congela en el aire.

sólido—algo que mantiene su forma; el hielo es la forma sólida del agua; el agua se congela en un sólido cuando alcanza 0 grados Celsius (32 grados Fahrenheit).

23

Index

Índice